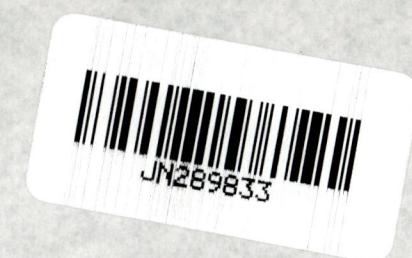

London Gardens

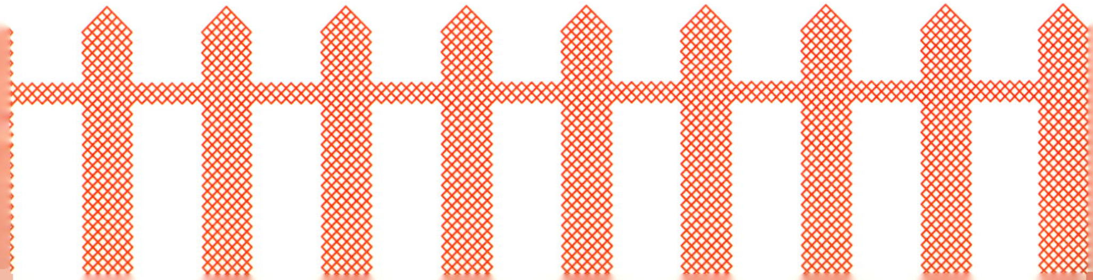

Introduction

「ロンドンに色とりどりの花が咲きはじめたよ」
そんなことばに誘われて、グリーンフィンガーの庭へ。
グリーンフィンガーとは、植物を育てるのが上手な人のこと。
みんな、ご自慢の子どもたちを紹介するときのように
愛情をこめて手がけてきた、庭を案内してくれました。

小さな芽吹きをよろこんだり、花を愛でたり、実を収穫したり
ロンドンの人たちにとって、庭での時間は最高の楽しみ。
自分たちで作りあげた庭で、お茶をしたり、食事したり
家の中のひとつの部屋のように、庭で過ごします。
みつばちや鳥たちがやってくることを、心待ちにしながら……。

植物や自然と一緒に暮らす、そんな楽しみを
ロンドンの小さな緑のオアシスは教えてくれました。

ジュウ・ドゥ・ポゥム

contents

London Gardeners
ロンドンのガーデナーたち

Community Gardens and Allotments
コミュニティガーデン＆アロットメント

Flower markets and Nurseries
フラワーマーケット＆ナーサリー

Parks
公園

LONDON GARDENERS

ロンドンのガーデナーたち

ガーデニングが大好きなイギリスの人たちは、どんな庭作りをしているのだろうと、ロンドンに暮らすガーデナーたちを訪ねました。街の中の小さな庭やテラスから、広々とした庭に伝統的なイングリッシュ・ガーデンまで。広さや使い方、趣向はさまざまでも、植物を愛する気持ちはみんな同じ。植物が成長して庭も変わっていく、その様子を見守るまなざしはとてもあたたか。ぬくもりのある手、そしてやさしい笑顔が印象的でした。グリーンフィンガーたち自慢の個性豊かな庭へとご案内します。

Sam McKechnie

みんなの笑顔が花咲く、緑の庭

Lubna Chowdhary　ルブナ・チョウダリー

ロンドン南部のストリーサムに、ルブナは、ご主人のニック
3歳になる息子のロシャンと、3人で暮らしています。
キッチンを通り抜けて、ドアを開けると、そこは広い庭。
家族みんなで育てた緑の植物たちが、庭の端にある
ルブナのアトリエまで、案内してくれます。
りんごにいちじく、マグノリアと、大きな木があちこちに
日当りのよい場所には、ハーブや野菜のキッチンガーデン
そして木のフェンス沿いには、色あざやかな花たち……。
アトリエと家をつなぐ、この庭は家族の大切な空間です。

ロンドン中心部から離れたストリーサムは、広々とした庭付きの家が多い地区。そんな環境にひかれ、創作のスペースを求めるアーティストたちも多く暮らしています。セラミック・アーティストのルブナと、イラストレーターのニックは、7年前にこの家に引っ越してきました。ふたりにとって、庭作りははじめての経験。手探りで少しずつ植物を増やしていくうちに、庭は家族の中心的なスペースになりました。いまではロシャンも一緒に、毎日のように庭に出て、家族みんなで植物の世話をしています。

左上：キッチンガーデンに植えたマリーゴールドに肥料をふりかけるロシャン。右上：鳥のえさ場にはコマドリやアオガラ、クロウタドリなどがやってくる。右下：引っ越してくる前から植えられていた古い木のうろには、宝物が隠せそう。根本の寄せ植えは、さまざまな緑の重なりが楽しい。

上：庭の奥にあるママのアトリエまで走っていくロシャン。キッチンガーデンの花壇や砂場、芝生や飛び石もすべて、自分たちで作ったもの。中：日当りのよいフェンス沿いにリズミカルに並ぶ花たち。左下：黄色いバラは、ルブナが子どものころを過ごした家にも咲いていた思い出の花。中下：毎年、目を楽しませてくれるシャクヤクの花。右下：まるい形がかわいらしいアリウム。

左上：68年に出版された『The Gardening Year』は、美しいイラストがルブナのお気に入り。左中：グリーンフィンガーを持つ3人の手を拝見。右上：ローレルの木は、いまではロシャンのツリーハウスに。下：イギリスの有名な建築家、デイヴィッド・アジャイが手がけた、ルブナのアトリエ。庭に面した壁がガラス張りになっているので、緑の中でクリエーションしているよう。

左上:「プロポゲイター」と呼ばれる温室代わりのケースで、ルドベキアを育てているところ。左中:小さな鉢に並ぶのは、百日草やコスモスの苗たち。右上:キッチン前のテラスは、苗を育てるためのスペース。左下:のみの市で見つけた絵の具箱には、種がたくさん! この箱を開けて、次は何を植えようと相談するのが楽しみ。右下:うさぎの缶はロシャンがイースターでもらったもの。

庭からはじまる、気持ちのいい1日

Emma Jeffs　エマ・ジェフス

「庭は1日を気持ちよく過ごすために、欠かせない場所」
と教えてくれた、テキスタイル・デザイナーのエマ。
エマの朝は、庭へ出て、コーヒーの入ったマグカップを片手に
植物の様子を見ながら、草むしりすることから、はじまります。
そばでは、ネコのアリスが気持ちよさそうに、ひなたぼっこ。
クリエーションの合間には、庭を散歩してリフレッシュ。
そして夕方、パートナーのエドが家に戻ると、
ガーデン・テーブルへと料理を運んで、食事を楽しみます。
庭での時間が、ふたりの暮らしをいろどるアクセントのようです。

ロンドン南西部のタールスヒルに暮らすエマとエド。ふたりの住まいは、60年代に建てられたレンガ造りの家。引っ越してすぐに、ふたりは庭に向かって大きくドアが開くサンルームを作り、コンクリートの広場だった裏庭を大変身させました。石畳と玉石敷きの地面に、段差を付けた花壇や食事ができるコーナーも、すべてふたりの手によるもの。ゲームのように遊びながら庭作りを楽しんでいるうちに、自然の色や形にひかれていったというエマ。光や気候、そして土地と一緒に作る庭はアートのひとつだと感じています。

左下：ガーデニング作業のときに、いつも着けているというエプロン姿で。右上：夜、庭で過ごすときに活躍するオイルランプやランタン。街並をかたどった白いキャンドル・ホルダーは、エマが子どものころ作ったもの。右下：鉢やレンガのストックは、いつでも庭のアレンジができるように。

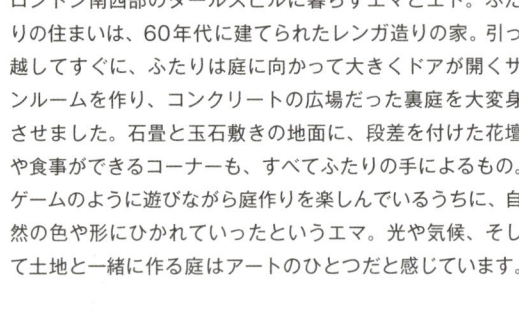

上：高さを出した花壇は、3年前にふたりで作ったもの。英語で「シェド」と呼ばれる、道具入れの小屋には、ホップがツタをからませて。左下：建築現場で土などを運ぶのに使われている袋の底に穴を開けて、トマトを育てるプランターに。右中：種を植えるときに役立つ、メモリ付きのスコップ。右下：石畳と花壇のすきまから顔をのぞかせる草花も、愛おしい存在というエマ。

左上：ロンドンで人気のパブ「ザ・イーグル」でシェフをしているエド。仕事の中休みに、エマと一緒に庭でティータイム。右上：「イケア」で見つけたティーポットは、たっぷり紅茶をいれられるのがうれしい。右中：大きなスコーンを紅茶のお供に。左下：パンジーは、エマにとってイギリスを感じさせる花。右下：子どものころを思い出させるヒナギクが、花壇の下で可憐に咲いている。

上：光がたっぷり入ってくるサンルーム。エマのアトリエにしようと作りはじめたけれども、いまはダイニングに。中：サンルームに置いたソファーの上が、アリスの指定席。左下：窓辺に並べたガラスボトルに、庭の花をあしらって。底が紫のボトルは、ガラス・アーティストの友人が手がけたもの。中下：エマがペイントしたボトル。右下：ガラスをいろどる繊細な模様のフィルムはエマの作品。

さまざまなサプライズと出会える庭

Joanna Herald　ジョアンナ・ヘラルド

アンティークに関わる仕事をしていたけれども
もともとガーデニングに夢中だったというジョアンナ。
その情熱がこうじて、ガーデン・デザイナーになりました。
彼女の住まいは、ヴィクトリア・スタイルの大きな家。
広々とした庭には、石畳のテラスや、芝生の広場、
レンガの小道に、緑のアーチ、そして小さな池まで、
さまざまな表情を持ったコーナーがたくさん！
自然がもたらす、うれしいサプライズが好きという
彼女のよろこびに満ちた、素敵なお庭です。

だれもが自然に親しめる庭を提案するデザイナー、ジョアンナのプライベート・ガーデンは、緑あふれるブラックヒースにあります。1860年に建てられた家の裏手に、彼女が14年前から手をかけている庭が広がっています。彼女はカラフルで、さまざまな構造をミックスさせた庭を作りあげました。この「カオス」の庭を、ずっと求めていたというジョアンナ。最近、娘のキャシーがこの庭で18歳の誕生日パーティーを開いたばかり。こうして家族が庭で楽しんでくれるのが、ジョアンナのしあわせです。

左上：「バスケット・ウィーヴ」と呼ばれる組み方でレンガを並べた小道。木のフレームに、植物が巻きついて美しい緑のアーチに。右上：ソラヌム・クリスプム・グラスネヴィンという、じゃがいもの仲間の花。右下：イギリスにもともと自生していたシダ。

上：石畳のテラスから階段をのぼると、目の前に広がる芝生の広場。日に焼けたアメリカ・サイカチの黄色い葉影とのコントラストが美しい。左中：濃い紫色のオステオスペルマムは、朝になると花開き、日が当たらなくなると閉じてしまう。左下：水をたくさん入れても持ちやすい、お気に入りのじょうろは誕生日のプレゼント。右下：寄せ植えのプランターの様子を見るジョアンナ。

左上:緑におおわれた小屋は、20年以上前にジョアンナが作ったもの。いまでも道具入れとして活躍。
右上：「ジャパニーズ・アイリス」と呼ばれるカキツバタの花。右中：1日でしぼんでしまう、はかないシスタス・キプロスの花。左下：水盤には、そのときどきに庭で咲いた花を浮かべて。右下：庭の隅にある小さな池のそばには、幼なじみが誕生日に作ってくれた球体のオブジェ。

左上：あたたかい石畳の上でくつろぐネコのアーチーは、とてもシャイな性格。**右上**：ご主人のピーターがこの庭を描いたキャンバス。**左中**：ローザ・ムタビリスは、1本の木から咲く花が淡いアプリコット色からピンクまで、さまざまな色に変化していく美しいバラ。**左下**：色あざやかなグラジオラスの花。**右下**：石畳のテラスにも、レンガの壁面に沿って、たくさんの鉢植えを並べて。

フェアリーがやってくるワンダーランド

Sam McKechnie　サム・マケックニー

ロンドン中心部に近い小さなオアシス、バタシー。
サムは、ふたりの娘デイジーとルビーと暮らしています。
サムが集めたアンティークのオブジェがちりばめられた
ファンタジックな庭は、子どもたちの夢の世界。
デイジーとルビーに聞くと、庭にはあちこちに
フェアリーがやってくる家があるというのです。
ふたりは手紙を書いて、そっと置いておきます。
そうすると、フェアリーはちゃんとお返事をくれるのだそう！
子どもたちにとって、この庭は魔法の国への入り口なのです。

サムは「ザ・マグパイ・アンド・ザ・ワードローブ」というブランドを立ち上げたデザイナー。フランスやイギリスのアンティーク生地やパーツを素材に、ロマンティックなアクセサリーやバッグ、人形などを手がけています。もともとアンティークを扱う仕事をしていたサムは、庭のデコレーションにもたくさんの古いオブジェを取り入れました。庭は時間をさかのぼって、どこか遠い国に足をふみいれたかのようなチャーミングな空間。子どもたちのイマジネーションは、どこまでも広がっていきそうです。

左上：しだれるタイプではない、ヤナギの木の根元にあるのは、お姉ちゃんのデイジーが木のうろに屋根をかぶせた、フェアリーの家。右上：花で飾り付けた、古いランプシェードは、ルビーのフェアリーの家。右下：デヴォンのフリーマーケットで手に入れた造花を庭に飾って。

上：ケンプトン・パークのアンティーク・マーケットで手に入れた、白いテーブルとイス。左下：プランターに植えたいちごの様子を見るデイジーとルビー。右中：フランスで見つけた鳥のオブジェは、本物の鳥たちが寄ってくるようにと誘い出すもの。右下：さまざまな場所で集めている、イギリス製のテラコッタの鉢。水玉模様のジャグはアンティーク・マーケットでの掘り出し物。

左上：ジョージア時代のお店のファサードをリサイクルした小屋が、サムのアトリエ。右上：木に吊り下げたシャンデリア。バラの飾りが付いたものはフリーマーケットで、ビーズのものは、おばあちゃんからのプレゼント。右中：ルビーがかわいがっているモルモット、スターの小屋。左下：30年代にポピュラーだったスタイルの鉢。右下：ジギタリスと香りのいいナデシコの寄せ植え。

左上：軒先にはテラコッタ素材のバードバス。中上：ネコ型のドアストッパーをデコレーションした、亜鉛素材の古い桶をプランターに。右上：エスニックなランタンに、キャンドルをともして。左中：窓のそばでピンクの花を咲かせる、ツルバラ「アルベルティーヌ」。左下：玄関でお出迎えしてくれる青い花は、自然に生えてきたもの。右下：白壁にピンクのドアが、まるでドールハウスのよう。

自然を感じて楽しむ、ラボラトリー

Jane Brockbank　ジェーン・ブロックバンク

のんびりしたいときには、この場所がおすすめ！
ミモザの木にかけたハンモックが、風にゆれるジェーンの庭。
ここでは植物のコーナーが大きく4つに分かれています。
お日さまの当たり具合、風の通り道、そして湿度
それぞれの植物たちにとって、気持ちのいい環境もさまざま。
ガーデニングのよろこびは、観察することという
ジェーンにとって、この庭はまさに植物ラボラトリー。
この庭での発見や経験が、アイデアとなって
また新しい庭が生まれてくるのです。

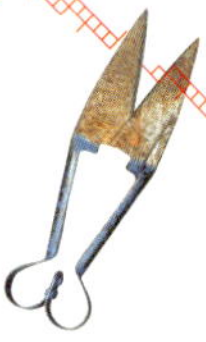

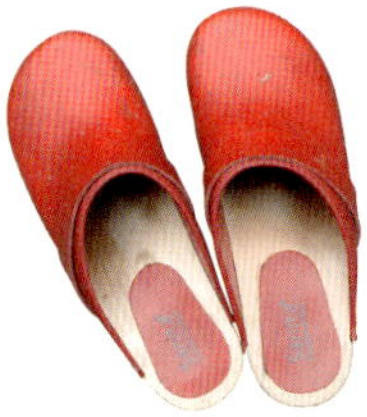

ジェーンはご主人のアダム、そしてふたりの子どもたちと一緒に、ロンドン西部の静かな町、チズウィックで暮らしています。もともとアートに関心を持っていたジェーンは、建築やデザイン、花に自然といった彼女の好きなものと触れあえるガーデン・デザインを仕事に選びました。絵を描くように、植物の色を添えて庭作りするジェーン。彼女のプライベート・ガーデンは、植物たちが自然に生えてきたかのように顔をのぞかせる、ポエティックな空間。変化し続ける1枚の絵のようで、思わず見とれてしまいます。

左上：家に向かって左側には「ボッグ・ガーデン」と呼ばれる、沼地に作る庭をイメージしたコーナー。右側には、あまり日が当たらなくても育つ植物を植えて。右上：13歳になるオスカーが作ってくれた、虫のための家。右下：使いこまれたじょうろも、この庭の雰囲気にぴったり。

左上：ベルのような形の花を咲かせるアブチロン。**中上**：小さな鳥が巣を作る「バード・ボール」。**右上**：ガレージセールで見つけた古いランタン。夕方になると、中のキャンドルに火をともして。**中**：ミモザの枝に巻き付く、アメリカヅタをカットしているジェーン。**下**：ヨークストーンを敷いたコーナー。ジェーンたちが作ったトタン板でおおったテーブルに、アンティークのイスを合わせて。

花のシャワーをいっぱいに浴びて

Jinny Blom　ジニー・ブロム

キッチンから、白い板張りのテラスに出ると、目の前には
シャワーのように降り注いでくる、黄色い花たち。
これはシシリー島からやってきた、マウント・エトナ・ブルーム。
テラスからそのまま続く橋で、小さな池を渡れば
草原のようなワイルド・ガーデンの世界へ。
そんなドラマチックな魅力にあふれた、ジニーの庭。
ジニーにとって、ここは特別にお気に入りの場所。
さわやかな風とともに、緑と花々の香りを感じると
こころも軽く、おだやかになっていくよう……。

チェルシー・フラワーショーで2007年にゴールドメダルを受賞したジニー。彼女の住まいは、ロンドン南東部のナンヘッドの丘の上にあります。庭の後ろにはほかに家もなく、緑の谷が広がる、おだやかな場所です。この静けさを気に入っているジニーは自分の庭を、自然で軽やかな雰囲気に作りあげました。まるで海辺にいるようなデッキテラスはシンプルに、そしてメイン・ガーデンはところどころに箱形のトピアリー・ツリーをレイアウトしながら、ハーブやバーバスカムを自然に広げさせています。

左上：素足が気持ちいいテラスは、まるで部屋の一部のよう。デッキチェアでのティータイムには、玄米茶がお気に入り。右上:バーバスカムは、一度種をまいたあと、自然にまかせているうちに広がっていったのだそう。右下：素朴で愛らしい花をつける、ヴェロニカ・ピンク・ダマスク。

左上：この家で庭作りをはじめようと、土を掘り返していたときに見つけた馬のてい鉄。左中：鉄のオブジェは、はじめてのクライアントがプレゼントしてくれたもの。右上：テラスの先は、自然そのままに見えるメイン・ガーデン。左下：長いあいだ花が咲き、葉っぱの形も美しいカラーは、水辺のいろどりに。右下：マウント・エトナ・ブルームの花びらが池にもたくさん浮かんで。

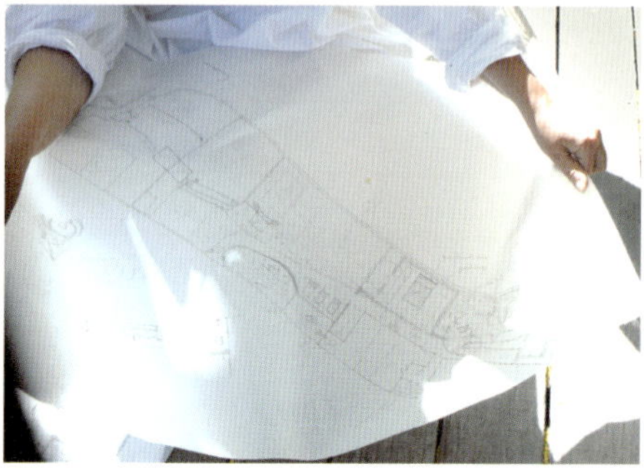

左上：キッチンガーデンでは、トマトが元気いっぱいに成長中。右上：お気に入りのガーデニング本。右中：プロヴァンスに計画中の大きな庭の図面。左中：庭の片隅には蜂のための巣。「いい庭には虫もたくさんいるのよ」というジニー。左下：自然にリング状になった石灰石は、めずらしい石を探すのが好きなジニーのコレクションのひとつ。右下：メイン・ガーデンでお茶を楽しむことも。

オブジェたちが眠る、奥深いジャングル

Todd Longstaffe-Gowan　トッド・ラングスタッフ・ガワン

エキゾチックな木たちに囲まれた、トッドの家を訪ねると
ひとつひとつのオブジェが、物語を語ってくるかのよう。
歴史や芸術、建築や地理など、さまざまな分野に知識が深い
トッドの興味をひく、すばらしいアンティークやアート作品が
たくさん並べられた、この庭はまるでミュージアムです。
取り壊されそうになっていたこの家を買い取って
ジョージア・スタイルの建物の魅力はそのままに、
熱帯のジャングルのような庭を作ったトッド。
光と影、そのコントラストが強く映し出されます。

ガーデン・デザイナーのトッドが暮らす1741年に建てられた大きな家は、イースト・ロンドンの大通り沿いにあります。青々とした木性シダの葉におおわれた家は、まるで都会に浮かぶジャングルの島のよう。南米や西インドで子ども時代を過ごしたトッドは、エキゾチックな植物が好きで、この場所に彼の夢の庭を作り出しました。ジョージア時代の家とはまったく違うスタイルを持つ庭が、彼のオリジナリティあふれる世界観を表しています。家の中から眺めると、より一層その美しさを味わえる庭です。

左上：家から庭へ通じるベランダは、1805年に増築されたもの。彫刻は19世紀初頭に作られた、シアター・ロイヤル・ヘイマーケットのデコレーションの一部。右上：おじさんから譲ってもらったインドのレリーフ。右下：茶葉を運ぶのに使われていた日本のつぼをあしらって。

左上：手に入れたとき、すでに頭部が割れていた18世紀フランスのオブジェをプランターに。左中：チェシャー州の公園のレンジャーにもらったアカシカの骨。右上：ニュージーランドから輸入したシダと、壁をおおうツルバラやクレマチスに囲まれたガーデン・テーブル。左下：19世紀中ごろの建物の装飾。右下：19世紀末にドイツで作られたキリスト像はノッティンガムの教会から。

上：３階から見下ろしたファサード・ガーデン。中国生まれのシュロの木や、バラ、スイカズラ、ヤマフジなど、さまざまな植物が重なりあう。中：リビングに飾った、ロンドンの教会で使われていた聖書台越しに見る庭は、雰囲気たっぷり。左下：カンバーランド州の高原で見つけた羊の骨。中下：黒法師と呼ばれるアエオニウム属の植物。右下：ガザニアはもうすぐ花開くところ。

緑に囲まれた、リビングルーム

Patrice Moor　パトリス・ムーア

アーティストのパトリスが、家族と一緒に暮らす
プリムローズ・ヒルは、村のような親しみやすい雰囲気の町。
小さな正方形をしたパトリスの庭は、いまロドデンドランが花盛り。
ピンク色の大きな花が、彼女のお気に入りです。
そのそばのテーブルで、お茶を飲んだり、食事をしたり。
絵を描くとき以外は、庭で過ごすことが多いというパトリス。
お天気のいい日には、家族や友だちが自然と集まってくる
この庭は家の外にある、もうひとつの部屋のよう。
お日さまの下、緑に囲まれたリビングルームです。

プリムローズ・ヒルの雰囲気が好きで、学生のころからずっと同じ通りに住み続けているというパトリス。パトリス一家がこの家に引っ越してきたのは、15年前。1850年に建てられた一軒家に、ご主人のアンドリュー、そして3人の子どもたちと一緒に暮らしています。パトリスの庭は、ロンドン周辺でよく見られる、建物に囲まれたコートヤード・ガーデン。ここに石畳を敷き詰めて、ツツジ科のロドデンドランをはじめ、オリーブやいちじく、椿、ジャスミンなど、さまざまな植物を植えたプランターを並べていきました。

上：この庭で食事の時間を過ごすのがお気に入り。大きな木のガーデン・テーブルを中心に、植物をレイアウト。左下：チューリップはパトリスのいちばん好きな花。中下：ロドデンドランの花びらが落ちてしまったところ。右下：パトリスの手よりも大きくなった、ギボウシ属の葉っぱ。

左上：ベンチの後ろの明るい黄色の花。中上：家のそばに置いた木は、太陽の光を求めてぐっと身を乗り出すよう。右上：「レモン・プラント」と呼んでいるセンテッド・ゼラニウムは、お隣さんに分けてもらって挿し木で増やしたもの。中：ダックスフントのジョーイも、花の香りを楽しんで。下：庭とキッチンをつなぐ窓とドア。パトリスによると、キッチンから眺める庭がいちばん美しいそう。

咲きほこる花たちの波を見つめて

Rob Kesseler　ロブ・ケスラー

大きなユーカリプタスの木のまわりを飛びまわる
エナガ、ジェイ、オナガ、ミソサザイなどの鳥たち。
庭でかわいらしい小鳥たちの声が響いていると
うれしいという、アーティストのロブ。
彼の庭には、キツネやリスが遊びにやってくることも。
さまざまな植物を育てている、この庭で
次々と開いていく花の移り変わりは、まるで波のよう。
いつでも自然や季節を身近に観察できる庭は、
ロブの大切なインスピレーション・ソースです。

ロンドンのアートスクール、セントマーチンズで教授を務めている、アーティストのロブ。彼は植物にインスパイアされた作品を、セラミックや写真として発表しています。ロブの住まいは、イースト・ロンドンのハックニー。半地下になっている裏庭は、地下のキッチンの窓から眺めると、ちょうど目線の高さで花が咲いていて、美しいのだそう。いまは夏の訪れを知らせる、ジギタリスが花盛り。ロブと奥さんのアガリスが手がけたセラミックのオブジェが、緑のあいだから顔をのぞかせて、楽しいアクセントになっています。

左上：1階へとつながる階段には、フランスから持ち帰って挿し木で増やしたセンテッド・ゼラニウムの花がたくさん。右上：アガリスが手がけたテラコッタの像。底が割れてしまったので、釉薬をかけずに、そのまま庭のオブジェに。右下：マジョリカ陶器の手法で、アガリスが作った犬のオブジェ。

左上：いちばんお気に入りの花、ジギタリス。左中：洗濯おけと馬のてい鉄、彫刻の一部から生まれたオブジェ。変身をテーマにしたロブの作品のひとつ。右上：大きなユーカリプタスの木の根本は、さまざまな花が咲くポエティックな花壇。左下：アガリスの手がけた陶器。右下：柳をモチーフにした「ビヨンド・ザ・ブルー」というシリーズのお皿は、ロブが発表したもの。

左上：赤いゼラニウムはイタリアから。**中上**：友だちからのプレゼント。**右上**：りんごの実がふくらんで。**左中**：バードフィーダーのエサを目当てに、リスたちがやってくる。**右中**：ロブが1980年に作った彫刻のための試作品。**左下**：ネコ柄の花瓶はアガリスの作。**中下**：フェタ・チーズの缶に、カムパニュラとマリーゴールドを寄せ植え。**右下**：ユリ科のアパガンサス。

左上：庭のベンチで読書を楽しむロブ。左中：お菓子をのせたお皿「木の下での食事」も、ロブの作品。右上：19歳になる息子のマルコが、まだ小さなころ遊んでいたジャングル・ジム。左下：植物を電子顕微鏡で撮影し、デジタル処理をしたロブの作品集。キューガーデンとのコラボレーションで生まれたもの。右下：あわいピンクの花を咲かせるツルバラ「アルベルティーヌ」。

緑に包まれた、人生のよろこび

Elspeth Thompson　エルスペス・トムプソン

エルスペスは、ご主人のフランク、4歳のマリー
そして犬のウィルマと一緒に、ブリクストンに暮らしています。
この家は、ミュージシャンとして活躍する、フランクが
楽器を思いきり演奏できる、地下のスタジオがあって
エルスペスがガーデニングを楽しめる庭もある、理想的な住まい。
キッチンから続くウッドデッキは、たっぷりの緑に囲まれて
アリウム、セージ、すみれの花の白とモーヴ色をポイントに。
この庭の秘密は、木々の後ろに置いた、大きな鏡。
小さな庭を広く、明るく見せています。

イギリスの新聞「ザ・サンデー・テレグラフ」で、ガーデニングにまつわるコラムを連載するほか、書籍を発表しているエルスペス。子どものころ、すでに自分の小さな畑を持っていたのだそう。花や緑に囲まれて育った彼女にとって、ジャーナリストの道へ進んで、ガーデニングをテーマに選んだのも自然なこと。自分の庭を持つことになり、植物の配置に気を配ったり、鏡を置いたり、さまざまな工夫を試してみました。そのアイデアは大成功！ この庭をはじめて見た友だちは、広々と見える庭に驚いています。

左上：キッチンから庭に出られるドアのまわりは、さまざまなつる草をはわせて、緑いっぱいに。右上：「かわいらしいパープルの花が咲くのよ」と見せてくれた、まだ小さな芽はセリンセ・マヨール。右下：エルスペスの著書『ザ・ロンドン・ガーデナー』

上：クリエーターとして活躍する妹のレベッカが作ったテーブルと、折りたたみ式のクリケット・チェア。中：近所の金物屋さんにオーダーした大きなプランターでは、オーガニックで育てているレタスや水菜、ルッコラなど。左下：小さな苗から育てたいちじくの木に、実がなるように。中下：フダンソウとルッコラの芽を育てているところ。右下：緑の小さな鉢に植えたのは、センペルビブム。

お日さまの下のガーデン・パーティー

Pete Bowker　ピート・バウカー

バウカー家はみんな、外で食事をするのが大好き。
この家に引っ越してきたときも、まず庭に
ウッドテラスを作って、テーブルとイスを置き
バーベキューコンロのための場所も用意しました。
お日さまの光を、たっぷり浴びられる
よく日のあたる場所を、ダイニング・コーナーに。
ピートと、奥さんのアビー、そしてふたりの子どもたち
仲のよい友だちや、ご近所さんを招いて
みんなでガーデン・パーティーを楽しみます。

ピートは奥さんのアビーと、5歳のオスカー、そして2歳になるヴァイオレットの4人家族。戸外で過ごすことを思いきり楽しむスタイルは、アビーのルーツである北欧の暮らしと一緒。庭ではプラムやりんごなどの果物をはじめ、ハーブをたくさん育てています。これは自分たちが食べるものの成長や自然について、子どもたちに学んでほしいという思いから。オスカーは、特にいちごがお気に入り。今年はじめての実が、ちょうど赤く色づいてきたところで、自分で育てたいちごを食べるのを楽しみに待っています。

左上：庭は1880年代に建てられた、ヴィクトリア時代後期の家の裏手に広がる。右上：たわわに実ったヴィクトリア・プラムを使って、毎年ジャムを作るのがピートの楽しみ。右下：ランタンの中のカードは、アビーが運営するウェブショップ「オスカーズ・エルク」のもの。

上：円形のウッド・テラスはピートが作ったもの。テーブルの上に、ワインとチーズを用意して。中：スウェーデンのガラス・ブランド「コスタ・ボダ」のキャンドルホルダーは、アビーの家族から毎年贈られるプレゼント。左下：物干しのワイヤー・ホルダー。中下：鉢に植えたクレマチスはぐんぐんと成長し、壁に取り付けた木のフレームよりも大きく。右下：ウィンド・チャイムは、ピートからアビーへのプレゼント。

イマジネーションの花開く庭

Marcia Hurst　マルシア・ハースト

テラスに温室、緑の芝生、レンガの小道、鳥たちの楽園……。
イングリッシュ・ガーデンの魅力あふれるマルシアの庭。
ツルバラにサルヴィア、スイカズラや、ジャスミンなど
フローリストの彼女の庭には、美しい花々もたくさん。
この広々とした庭の中、マルシアはやってみたかった
さまざまな庭作りに、取り組むことができました。
植物や花、やってくる動物を眺めるだけでなく
次はどんな庭にしよう？と考えるのも、楽しみのひとつ。
イマジネーションは、植物とともに成長していきます。

上:まるで絵のように美しい、庭を一望して。アーチをつたうバラは「セシル・ブラナー」という種類。左中：アンティークショップで見つけたワイヤー・バスケットに並べた鉢で、ゼラニウムの挿し穂を育てているところ。左下：何年も使っているじょうろ。新しく植えた植物以外は水をやりすぎないようにしているのだそう。右下：石畳の小道の脇には、「ラヴィニア」というバラ。

ロンドン西部のミル・ヒル・パークに建つヴィクトリア・スタイルの家。越してきて10年以上になるマルシアですが、庭作りは終わることなく、いつまでも彼女を夢中にさせています。ガーデニングの1年のはじまりは冬。まずこの時期に、庭をどのように進化させるかを計画します。そして芽吹きの春と、次々と花が開く夏は、庭を楽しむ季節。そして秋になると、お気に入りの植物の挿し穂を友だちと交換するのです。こうして生まれた美しい庭を教室に、マルシアは料理とライフスタイルの学校を開いています。

上：低木を四角く刈り込んだトピアリーで囲まれたベンチでは、アペリティフを楽しむ。左下：シャクヤク「シャーリー・テンプル」のつぼみ。中下：ニワトコ「ブラック・レース」の前には、アリウム。右下：イングリッシュ・ローズの育種家として有名なデヴィッド・オースチンの「フォルスタフ」。

左上：引っ越してきたときから家の中にあったテーブルを庭に出して作業台に。**右上**：鉢の大きさに合わせたガラス・ドームは、挿し穂や苗の成長を守るためのもの。**左中**：百日草やコスモスを育てているコーナー。**左下**：葉っぱ型のフックは、温室の中で使う予定。**右下**：マルシアが越してきたときから庭にあった、とても古い温室。まだ小さな苗やトマトを育てている。

左上：庭のコーナーに作ったバードバス。左中：『ngs gardens open for charity London Gardens』は、その年に公開している個人の庭を紹介するガイドブック。このチャリティー企画にマルシアは2005年から参加しているのだそう。右上：庭の通用口の脇にある、物置小屋。左下：地面にタイルで描いたコンパス・ポイント。右下：モザイクをほどこしたシンク。

ゲリラ・ガーデナーの秘密のテラス

Richard Reynolds　リチャード・レイノルズ

ゲリラ・ガーデナーは、見捨てられた、さびしい街角に
花や植物を植えようという、ユニークなプロジェクト。
この活動をロンドンでスタートさせた、リチャードは
ロンドン南部に建つ、フラットに暮らしています。
部屋には庭が付いていないので、同じフロアの住人と
シェアしているテラスで、植物を育てているリチャード。
ロンドンのパノラマが広がる、小さなテラスには
みんなの心を和ませる、ハーブや花の鉢がたくさん。
リチャードの手で、どんな場所も緑の庭へと変身します。

上：同じフロアに住む仲間たち３人で、コンクリートのテラスを緑あふれる庭に。左下：ご近所のお年寄りからもらった古いテーブルが、ガーデニング用具置き場。いまは枯れてしまった大きなひまわりは、その形が美しくて大切にしているもの。右中：両親の野菜畑でふたごの兄弟と一緒に、ほうれん草を収穫する３歳のころのリチャード。右下：深い青紫色をした、あじさいの花。

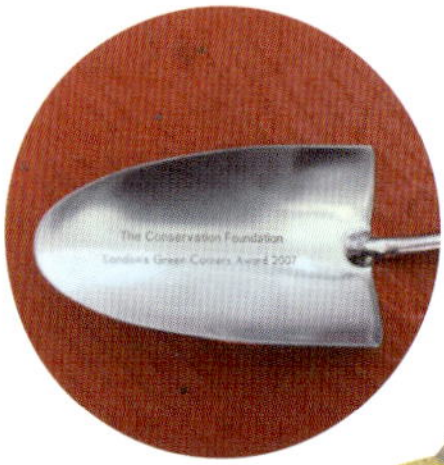

ガーデニングのよろこびは、そこにサプライズがあるから、というリチャード。「ゲリラ・ガーデナー」にも、荒れた植え込みや花壇が、一晩で変身してしまうというサプライズがあります。リチャードが友だちとシェアしているフラットには、プライベート・ガーデンがありません。そこで彼は同じフロアの住人たちの共有スペースのテラスで、植物を育てはじめました。緑でいっぱいになったテラスは、ほかのフロアの住人の羨望の的！ そしていまでは、ゲリラ・ガーデンに使用する植物を育てる、種苗場にもなっています。

上：窓辺に、ひまわりの鉢を並べて。左下：リチャードが出版した本『オン・ゲリラ・ガーデニング』。
中下：カリフォルニアみやげのスノーボール。右下：第二次世界大戦時に、政府が食料不足解消のため野菜を作るよう呼びかけたポスター。このスローガンはリチャードの活動と共通しているのだそう。

左上：2006年3月から、メンバーたちで手を入れている車道の植え込み。たくさんのラベンダーを植えて、収穫した花を使ったクッションを活動資金のもとに。左中&右上：2005年8月からひまわりをはじめ、ラベンダーやデイジーなどを植えている場所。下：フラットの正面でほったらかしにされていた、この花壇がゲリラ活動のスタート地点。いまではたくさんの花に包まれている。

RHS チェルシー・フラワーショー

RHS Chelsea Flower Show

The Royal Hospital, Chelsea, London SW3
www.rhs.org.uk/flowershows

ロンドンにガーデニングの季節がやってきたことを知らせる「RHS チェルシー・フラワーショー」は、毎年5月下旬にチェルシーにあるロイヤル・ホスピタルで開かれます。広々とした会場内で展示されるのは、デザイナーたちの手による庭をはじめ、美しい花々、さまざまな園芸用品や新しい品種の植物など。栄誉あるメダルを競いあう庭のコンペティションは、このイベントためにと考え抜かれたユニークなデザインばかり。庭作りの参考にと、イギリスはもちろん世界中から集まる、ガーデニング好きたちの熱気にあふれています。

1：スローン・スクエア駅から徒歩10分くらいのところにあるゲート。2：葉っぱ柄の傘をさした男性。お客さんたちのおしゃれを見るのも楽しみのひとつ。3&4&5：ベスト・コートヤード・ガーデンを受賞した、ニック・ウィリアムス・エリスによる「ドーセット・シリアルズ」の庭。子どもたちが学びながら、野菜や果物を育てることができるプレイグラウンドとして提案されたもの。

1：来場者たちいちばんの注目は、種苗家や生育者たちが植物のコレクションを発表するグレート・パヴィリオン。2：さまざまなラベンダーが集められたコーナー。3&4：ベスト・アーバン・ガーデンに輝いたアダム・フロスト。四角いツゲの生け垣や、黒い樋を渡した小川がユニークな構造を生み出している。5&6：ピクニック・エリアのそばのテントでは、楽団が演奏中。

1：ビートルズのジョージ・ハリスンの人生がインスピレーション・ソースになった庭。2：「QVCガーデン」を手がけたサラ・プライス。3&4：ガーデニング用品のメーカーや、植物の種や苗を扱うナーサリーが集まっているので、ショッピングを楽しむことも。5&6：ベスト・ショー・ガーデンを受賞したトム・スチュアート・スミスによる「ローラン・ペリエ・ガーデン」。

COMMUNITY GARDENS and ALLOTMENTS

コミュニティ・ガーデン＆アロットメント

ロンドンに暮らすガーデニング好きにとって、いちばんの悩みは、庭やテラスが付いてないフラットが多いこと。そのためロンドンには、多くのコミュニティ・ガーデンやアロットメントがあります。コミュニティ・ガーデンとは、地域に暮らす人たちがメンバーとなって、みんなで一緒に楽しむ庭。一般に公開されていて、公園のように散歩やピクニックを楽しめるところもあります。好きな花や野菜を育てるために、個人で一区画を借りることができるのがアロットメント。ロンドンで愛される、共有の庭を訪ねてみましょう。

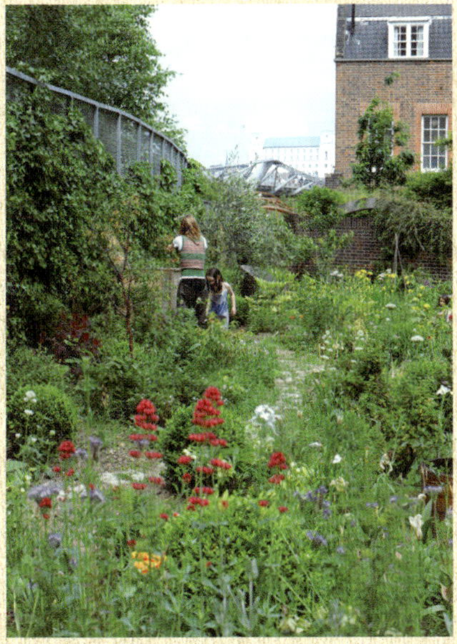

Tate Modern Community Garden

Tate Modern Community Garden

テート・モダン・コミュニティ・ガーデン

テムズ河近くのバンク・サイド地区にあるテート・モダンは、近代・現代美術のミュージアム。そのすぐ脇に、扉に閉ざされた秘密の庭があります。ここは、ロンドンに緑を増やそうという活動をしている協会と美術館の協力のもと、テート・モダン近くに暮らす人々のために作られたコミュニティ・ガーデン。りんごや洋梨、ぶどうなど子どもたちが大好きな果物の木をはじめ、サンザシやカエデなど、さまざまな植物が広がります。都心部に暮らす庭を持たない住民たちにとって、この共同の庭はかけがえのないものになっているようです。

Bankside, London SE1 9TG

左上：テムズ河岸で見つかるホタテ貝をモチーフにしたイスは、アーサー・ドゥ・モゥブレイの作品。右上：アーサーが手がけた休憩所で、ひとやすみ。左下：植物の手入れは、ガーデン・マネージャーとボランティアの人たちで。右中：入り口に貼られていたのは、コミュニティ・ガーデンへの参加方法やイベントなどのお知らせ。右下：アロマテラピーでも用いられるヴァレリアンの花。

上：池の中を手入れしていると、ママと遊びにきた子どもたちが興味深そうに。自然のままの環境にしたいと、池のまわりにフェンスをしていないので、子どもたちは大人と一緒に入園する。左中：庭で見つけたもので、子どもたちと一緒に作ったオブジェ。左下：河岸で見つけたタイルで作ったラビリンス・モザイク。右下：アーサーがデザインしたバタフライ・ベンチ。

左上：６歳になるミアが、ガーデン・マネージャーのお手伝い。右上：庭を案内してくれたマネージャーのロール・イヴィルと、責任者のピーター・グラール。右中：オステオスペルマムの花がきれいに咲いて。左下：みんなで庭を楽しめるよう、小屋にはたくさんのじょうろとイスが用意。右下：アーサーが手がけたアーチには、これからつる草がからんで緑でおおわれていく。

Culpeper Community Garden

カルペパー・コミュニティ・ガーデン

ロンドン北部のイズリントンにある、カルペパー・コミュニティ・ガーデンは、この地域に暮らす、さまざまな人々が集まり運営している共同の庭。住民たち以外にも開放されているので、誰でも自由に入ることができます。もともとは荒れた土地でしたが、市が許可をし、子どもたちが植物に触れたり、野菜を作って食べたりすることができる場所を作ろうと、住民たちの手によって、いまではすばらしい庭に生まれ変わりました。人気のショッピングエリアにも近いので、多くの人々が訪れ、散歩やピクニックを楽しんでいます。

1 Cloudesley Road, London N1 0EG
www.culpeper.org.uk

左上：庭を案内してくれたケイト・ボーウェン。左中：タニウツギの仲間「ブリストル・ルビー」。右上：ボリュームたっぷりの白い花が咲く、藤のアーチ。ベンチが置いてあるので、ピクニックを楽しむ家族も。左下：区切られた菜園が50カ所くらいあり、庭を持たない住民がそれぞれ好きなものを育てている。右下：4年前から、ここに小さな菜園を持つミニ・シュードリー。

Roots and Shoots Community Garden

ルーツ＆シューツ・コミュニティ・ガーデン

ルーツ＆シューツ・コミュニティ・ガーデンは、ロンドン南部のランベスとサザックに暮らす、さまざまな問題を抱える若者たちの自立をサポートする目的で生まれました。ワイルドライフ・ガーデンや池は、虫や鳥などさまざまな生き物と出会うことができる都会のオアシス。一般にも開放されていて、幼稚園生をはじめ広い世代の人々が、自然環境を学べる場所となっています。垣根仕立てのりんごの木や、毎年300個の実をつけるキウイも興味深い植物のひとつ。収穫した果物を使ったジュースや野菜、はちみつを扱うショップが人気です。

Walnut Tree Walk, London SE11 6DN
www.rootsandshoots.org.uk

左上：下草を刈って、手入れをするデヴィッド・パーキンス。右上：エキウム・ピニナーナとエキウム・カンディカスが交配してできた、ハイブリッド種。右中：エキウムの花の蜜を集める蜂。エキウムはもともと、デヴィッドが蜂のために育てはじめた。左下：植物の紹介パネルもあちこちに。右下：南米の植物などが育つ「パラダイス・コーナー」にある池。

左上：藤やクレマチス、トケイソウなどでおおわれたドーム。右上：ワイルドライフ・ガーデンへの扉。イングリッシュ・オークの木材に、この地域にあった学校の門の蝶番を使って、手作りしたもの。右中：このあたりで見つかる虫についてのパネル。左中：この庭で採れたはちみつは、ロンドンでいちばんと言われている。左下：蜂を種類別に紹介。右下：蜂の巣箱を開けたところ。

上:庭で収穫したものを販売するショップの看板。中：若者たちが、種から育てた植物の苗を販売しているコーナー。左下：庭を熱心に案内してくれたデヴィッドは、美術の先生でもあるのだそう。中下：販売用のパンジーの苗。右下：アカゲラのドアノッカーは、ワイルドライフ・ガーデンのスタディ・センターのドアに。ここでは子どもたちに顕微鏡で資料を見せたりする。

Walthamstow Common Allotments

ウォルサムストウ・コモン・アロットメンツ

ロンドン東部のウォルサムストウは、ヨーロッパでいちばん大きな果物や野菜のマーケットで有名な場所。家具などを手がけるデザイナーのジャスパーは、娘のルビーのためにアロットメントに申し込むことにしました。ウォルサムストウ・コモン・アロットメンツは、200人くらいの人々が畑を持つ、広い敷地のアロットメント。ジャスパーのアトリエの近くなので、仕事のあいまに畑の様子を見ることができます。ジャスパーとルビーにとって、ガーデニングは新しい経験。平日の夕方や週末に、ここへやってくるのがふたりの楽しみです。

左上：ジャスパーと４歳になるルビー。アロットメントを持って３年目。中上：共有の堆肥は、ひとり２ポンドで。右上：今日はさやえんどうを収穫。ここで作った野菜を家で料理するのが、ふたりのいちばんのお楽しみ。左中：ラズベリーがたくさん実をつけて、ルビーはおおよろこび。左下：ルビーがおままごとしたりできるようにテーブルを置いて。右下：ズッキーニの世話をするふたり。

FLOWER MARKETS and NURSERIES

フラワーマーケット＆ナーサリー

フラワーマーケットやナーサリーは、ロンドンのガーデナーたちの庭作りを支える場所。朝早くからガーデン好きたちの活気に満ちるフラワーマーケットは、鉢植えや苗、切り花など、あらゆる植物が並び、その楽しげな雰囲気に心がワクワクしてきます。ナーサリーは、自分たちで育てた植物の苗と、ガーデン用品が揃う園芸ショップ。素敵なディスプレイには、庭作りのインスピレーションが感じられるはず。お目当ての植物を腕いっぱいに抱えたガーデナーたちのうれしそうな笑顔、そしておみやげにしたい雑貨と出会えます。

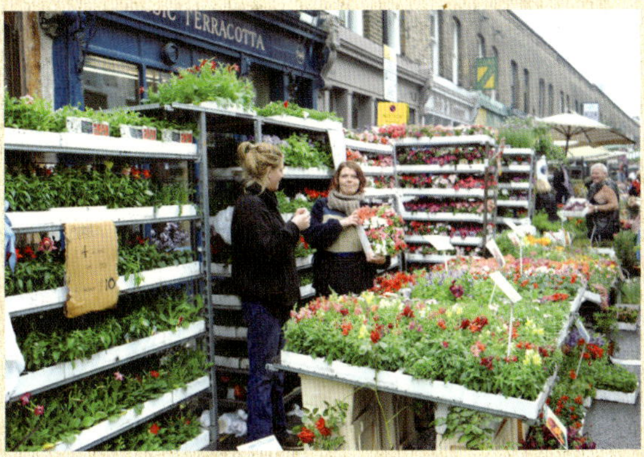

Columbia Road Flower Market

New Covent Garden Market

ニュー・コベント・ガーデン・マーケット

ニュー・コベント・ガーデン・マーケットは、イギリスでいちばん大きな生鮮卸し市場。食品のほか、花と植物を扱っています。卸し市場なので、一般の人たちは購入できませんが、マーケットの活気を感じるのは楽しいもの。フラワー・マーケットでは庭作りのアイデアのもとになりそうな、さまざまな植物と出会うことができます。この市場の中を、セラミック・アーティストのキャスリーンと妹のヘレナに案内してもらいました。以前お花屋さんだったキャスリーンにとって、ここは仕入れをしていたなつかしい場所。花に触れながら、楽しいエピソードが思い出されます。

New Covent Garden Market, London SW8 5NX
www.cgma.gov.uk

上：ヴォクスホール駅から徒歩でマーケットへ。入場料は4ポンド。平日は朝3時から11時まで、土曜は4時からオープン。左下：2階からマーケット全体の様子を見下ろして。色とりどりの花がじゅうたんのよう。右下：「この花を家の庭に植えてみようかしら？」と手にするキャスリーン。

左：出店しているスタンドのあいだを散策するふたり。花や葉物、鉢植えや苗などの植物を扱う業者が、55店ほど集まっている。ロンドンに出回る、すべての植物がここで手に入るのだそう。右：ピンクのシャクヤクを手にとって。「よい香りなのよ」と、キャスリーンがヘレナにすすめる。

左：まだつぼみが固い状態で、色とりどりの花を束ねたヒヤシンス。中：黄色とピンク、色あざやかなチューリップを手にした、キャスリーンとヘレナ。右：イギリスをはじめ、世界中からさまざまな花が集まってくる市場。欲しいものが見つからないときは、オーダーすることもできる。

左：セラミックの勉強をする前、2年間ほどキャンバーウェルでお花屋さんを経営していたキャスリーン。仕入れに来ていたころ、よく花を買っていた業者さんと久しぶりの再会。右：フレッシュで質のよい花たちがずらり。新鮮さを保つため、ひんやりした場内に、花のよい香りが満ちる。

Columbia Road Flower Market

コロンビア・ロード・フラワー・マーケット

日曜日の朝は早起きして、イースト・エンドにあるコロンビア・ロードへ。この通りでは、毎週日曜の朝8時から午後2時まで、ロンドンの花好き・ガーデニング好きたちが集まるフラワー・マーケットが開かれています。通りいっぱいに並ぶスタンドから飛び交う、呼び込みのかけ声がにぎやか。ほとんどのスタンドが、自分たちのナーサリーで育てた植物を扱っていて、事前にオーダーすれば、お好みの寄せ植えも作ってくれます。かわいらしい雑貨を扱うショップもたくさん。花を手にした人々の笑顔があふれるストリート・マーケットの様子をご案内します。

Columbia Road, London E2 7RG
www.columbia-flower-market.freewebspace.com

FLOWERS

ORGANIC COMPOST
Plants4you
Plants4you
Plants4you

120
WiLD WiLD
120

ORGANICS COMPOST

ASSIC TERRACOTTA
144
COLUMBIA
ROAD
142
NOTICE
Parking

RNETT & SON

Clifton Nurseries

クリフトン・ナーサリーズ

おだやかな住宅街、リトル・ヴェニスの運河沿いにあるクリフトン・ナーサリーズ。住宅に挟まれて張り出したテントを目印に、小さな通りを抜けると、そこは緑のオアシス。1851年創業という、ロンドンでもっとも歴史のあるナーサリーで、庭やテラスを緑で飾りたいというお客さんたちに愛されてきた老舗のお店。ゆったりした敷地の中に、よく手入れされた美しい植物と、素敵なガーデン用品が並びます。植物やグッズの販売だけでなく、ガーデン・デザインからメンテナンスまで手がけます。

5A Clifton Villas, London W9 2PH
www.clifton.co.uk

左上：赤い花を付ける多肉植物を並べて。右上：たくさんのパンジーの花たち。左中：植物のあいだに、さりげなく飾られているオブジェも、もちろん販売用。左下：木の根もとに並ぶ、イングリッシュ・ローズの苗は、デヴィッド・オースチン社のもの。右下：屋内用の植物や花が並ぶパヴィリオンにむかって。植物の苗は、車いすの人でも見やすいよう高い位置に並べている。

左上：庭作りの相談を受け付けてくれるコーナー。右上：石こう像は、大きなお屋敷のクラシックなイングリッシュ・ガーデンらしいアイテム。左中：モザイク柄が美しいプランターカバーは屋内でも。左下：イギリスの庭では、鳥も大切なゲスト。鳥たちを呼ぶエサもガーデン用品のひとつ。右下：花壇を仕切るフェンスも、さまざまなデザインが揃う。

Daylesford Organic

デイルスフォード・オーガニック

クリフトン・ナーサリーズ内のコンサバトリーに、2003年にオープンしたお店。コッツウォルズにあるキッチンガーデンで育てられたフレッシュな素材を使った、おいしい料理が、居心地のいいカフェで楽しめます。ガーデニング用品やオーガニック雑貨の販売も。

左上：光がたっぷり差し込むショップスペース。ガーデニング用品のほかに、食器や食品なども。**右上**：コッツウォルズをベースに、ロンドンでお店を展開。おいしいオーガニック料理のカフェと、シックなファームショップとして人気の場所。**右下**：たまごの上に、にわとりのオブジェをディスプレイ。**左下**：ハンドクリームもオーガニック。**中下**：オリジナルのジュースでひとやすみ。

Petersham Nurseries

ピーターシャム・ナーサリーズ

ロンドンの南西、高級住宅街として知られるリッチモンド・ヒルにある、ピーターシャム・ナーサリーズ。テムズ河沿いに牧場が広がる、のどかな地帯の中心に、この素敵な庭はひっそりと隠れています。このナーサリーで育てられた植物とともに、ディスプレイされた家具や雑貨は、ヨーロッパやインドなどで見つけたアンティークも。ゆっくりと歩き回り、イスに腰かけて、リラックスして過ごしたい場所です。そして園内の温室内にあるカフェ・レストランでは、人気シェフのスカイ・ギンジェルが手がける料理を楽しめます。

Church Lane, Off Petersham Road, Petersham,
Surrey TW10 7AG
www.petershamnurseries.com

上:荷車の上に並ぶ、素朴な草花のディスプレイは、ノスタルジックな雰囲気。中：インドの神様、ガネーシャ像の前の水盤をのぞきこむ子どもたち。インドとゾウを愛している、オーナーのフランチェスコとガエル。ゾウは、このナーサリーのシンボル。左下：ネコが気持ちよさそうにひなたぼっこ。中下：鳥モチーフのガーデンピック。右下:ちょうどラナンキュラスが花開くところ。

左上：春の植物を集めたコーナー。黒板にそれぞれの植物の名前を書いている。右上：ハンギング・バスケットから、まっ赤な花がこぼれおちるよう。左中：ショッピング用のバスケットも、シックなワイヤー製。左下：レストランで使用されるレモンも、園内のディスプレイのひとつのように。右下：荷車の上には、もみじとあじさい。もみじなど和風の植物は、いまロンドンで人気。

上：園内にある３棟の大きな温室の中は、植物や雑貨が並ぶショップとレストラン。中：時間帯によって、カフェとして楽しむことができる人気のレストラン。食事の時間は、予約が必要なほど。左下：レストランのシェフ、スカイ・ギンジェルのはじめての著書『A Year In My Kitchen』。中下：自然にやさしい、ココヤシの繊維でできた鉢。右下：庭に欠かせないバードハウス。

ロンドン・ガーデニング・ガイド

London Gardening Guide

ロンドンの庭作りの様子を見ていると、ガーデニングをしてみたい気持ちになってきませんか？ロンドンには、まだまだ楽しいガーデニング・スポットもいろいろ。イングリッシュ・ガーデンの歴史を知ることができるミュージアム、そして旅のおみやげにちょうどいいガーデン雑貨を扱うお店など、ロンドンを旅するときに、ぜひ訪れてほしい場所を紹介します。

庭園歴史美術館

Museum of Garden History

庭園歴史美術館は、1977年に設立した庭にまつわる世界ではじめてのミュージアム。ガーデニング用品やガーデン・デザインの進歩を感じる展示のほか、美しいノット・ガーデンも。2008年11月18日には、ガーデン・ミュージアムとしてリニューアル。

Lambeth, Palace Road,
London SE1 7LB
www.museumgardenhistory.org

チェルシー・ガーデナー

The Chelsea Gardener

チェルシー・ガーデナーは、おしゃれなショップが立ち並ぶキングス・ロードのすぐそばにある園芸店。庭は庭以上のもの、家の中と同じくらい重要な場所という考えのもと、素敵なガーデン用雑貨や家具が集まります。ロゴ入りアイテムは、おみやげにも。

125 Sydney Street, Kings Road,
London SW3 6NR
www.chelseagardener.com

ホルタス

Hortus

ホルタスとは、ラテン語で「園芸学」のこと。ガーデン・デザインのコンサルタントも手がけるガーデニング・ショップで、ブラックヒースとナイトブリッジの２カ所にお店があります。花器やピクニック・セット、バスケットなどのかわいい雑貨と出会えます。

26 Blackheath Village,
London SE3 9SY
www.hortus-london.co.uk

レイバー＆ウェイト

Labour and Wait

土曜の午後と日曜日のみオープンするレイバー＆ウェイトは、シンプルで機能的なデザインの日用雑貨を集めたお店。伝統的なデザインや制作工程を守っているメーカーの商品を世界中からセレクト。植物の種や鉢、道具などガーデニング用品も揃います。

18 Cheshire Street,
London E2
www.labourandwait.co.uk

ザ・コンラン・ショップ

The Conran Shop

ミシュラン・ハウスの中にあるザ・コンラン・ショップは、テレンス・コンラン卿のこだわりから生まれたインテリア・ショップ。「アウトドア・リビング」コレクションを発表していて、庭で過ごす時間が充実しそうな雑貨や家具が見つかります。

Michelin House, 81 Fulham Road,
London SW3 6RD
www.conran.com

PARKS

公園

素敵な公園が、たくさんあるロンドン。よく晴れた気持ちのいい日には、緑の木もれ日の下、色とりどりの花に囲まれて、やわらかい芝生に寝転んだり、ベンチに腰かけたり。公園での時間を思い思いに楽しむ人たちを見ていると、仲間入りして、一緒にのんびり過ごしたくなります。イングリッシュ・ガーデンの歴史に触れたり、植物について学んだりすることができるのも、ロンドンの公園の魅力。街歩きの途中に、さまざまな植物と触れあえる公園に立ち寄って、ほっとひと息、リラックスしませんか？

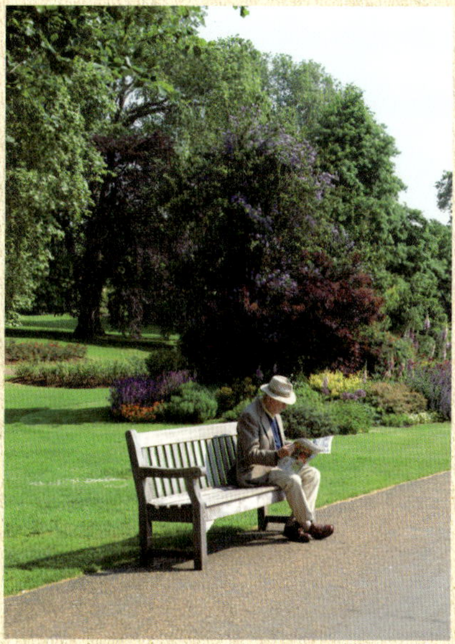

St James's Park

Royal Botanic Gardens, Kew

ロイヤル・ボタニック・ガーデンズ・キュー

ロンドンの南西部テムズ河沿いにある、この公園は「キュー・ガーデン」の呼び名で親しまれている王立植物園。もともと王室の居住地だった300エーカーの広々とした敷地には、さまざまな趣向をこらした庭園と、1800年代に建てられたすばらしい温室があります。植物コレクションは世界一。いまでは植物の優れた研究機関、そしてプロのガーデナーたちのトレーニングセンターとしても知られています。1日中いても時間が足りないほど、見どころがたくさん！季節ごとの花々が咲く、その美しい風景をゆっくり楽しんで……。

Richmond, Surrey TW9 3AB
www.kew.org

上：パームハウスそばの庭を、植え替えしているところ。**中**：王宮の中でもっとも小さなキュー・パレスと、17世紀の様式で作られたクィーンズ・ガーデン。**左下**：ノーズゲイ・ガーデンは、薬や料理に使う植物を育てるための場所。その中で見つけた、ハート型に仕切った花壇。**中下**：茎の黒い部分で虫を捕まえるスティッキー・キャッチフライ。**右下**：支柱の下には、ラナービーンズ。

上：まるみのあるシルエットがエレガントなパームハウスは、1884年に建てられたもの。16,000枚ものガラス・パネルでおおわれているのだそう。左下：パームハウスの中は、バナナにコーヒー、パンノキやポポーなど、湿度が高い熱帯雨林気候の地方で育つ植物が集められている。右下：ヴィクトリア・スタイルの鉄製のらせん階段で、温室の2階へ。

上：1日乗り降り自由のチケットがある、キュー・エクスプローラーは、広い敷地内を見て回るのに心強い味方。中：ギフトショップの前には、子どもたちのためのプレイグラウンドも。左下：草原の中で、黄色い花をつむのに夢中になっていた女の子。右下：木の下でさわやかに、ランチやお茶を楽しめる「ザ・パヴィリオン」。子どもたちも利用しやすい、親しみやすいレストラン。

St James's Park

セント・ジェームズ・パーク

セント・ジェームズ・パークは、国会議事堂に、セント・ジェームズ宮殿、女王が暮らすバッキンガム宮殿に囲まれた公園。中央を走るモールでは、お祝いのパレードや国の祝賀イベントが開かれます。58エーカーの敷地には1年中楽しめる、美しい花壇や植え込みが広がり、中央にはカモやガチョウがやってくる湖も。毎日午後2時半には、ペリカンにエサをやる様子が見られます。またロンドンの鳥学会が1837年に建設したコテージがいまでも残っていて、園内では、さまざまな鳥たちの自然な姿を見ることができます。

The Storeyard, Horse Guards Road,
London SW1A 2BJ
www.royalparks.org.uk/parks/st_james_park

左上：散歩中のおじいさんからもらったエサを手に、柵の上にちょこんと座った人なつこいリス。**右上**：色とりどりの花の寄せ植えの美しさに、足を止めて。**左下**：第二次世界大戦のころのアロットメントを再現したイベント。かかしがユーモラス！ **右中**：戦時中イギリスには140万ものアロットメントがあったという、その歴史を紹介したパネル。**右下**：当時、庭に置いていた昆虫たちの巣箱。

左上：キツツキやシジュウカラ、フクロウなど公園にやってくる鳥を紹介したパネル。**右上**：湖のそばには白鳥やカモ、ガチョウをはじめ、めずらしい鳥たちも。**左下**：ベンチでゆっくりと過ごす人たちの姿が、あちこちで見かけられる。**右中**：あざみの花に、みつばちがやってきて。**右下**：よく手入れされた花壇では、年間を通して、色あざやかな美しい花が楽しめる。

上：4月から9月までのあいだは、デッキチェアが準備されている。気持ちのいい芝生の上で、ひなたぼっこを楽しむ人たちがたくさん。左下：イングランド中部原産の大型の馬がひく2頭立ての馬車は、18世紀ごろからの伝統的なスタイル。右中&右下：有名建築家マイケル・ホプキンスがデザインしたレストラン「イン・ザ・パーク」。ピクニック・バスケットのオーダーも可能。

Chelsea Physic Garden

チェルシー・フィジック・ガーデン

チェルシーの静かな住宅街のまん中にある、チェルシー・フィジック・ガーデン。レンガ塀に囲まれた園内に入ると、さわやかな緑の香りを感じます。ここは1673年に、研究のために作られた薬草園。小さな敷地ですが、いまでも5000種以上の植物が育てられていて、研究者や学生たちの大切な資料として公開されています。園内には、おなじみのハーブをはじめ、薬や香料のもととなる植物はもちろん、絶滅の危機があるめずらしい種類や、毒になってしまう植物も。私たちの暮らしと植物の関わりを知ることができる、興味深い庭園です。

66 Royal Hospital Road, Chelsea, London SW3 4HS
www.chelseaphysicgarden.co.uk

左上：ユリ科のパリス・クアドリフォリア。右上：シスタス・クレティクスは、薬効があり、香料のもとになる植物。聖書に出てくる植物としても知られている。左中：芝生が花壇の仕切りに。植物を見るときには、やわらかい芝の上を歩きながら。左下：カナリア諸島からやってきた、エキウム・ピニナーナ。右下：オリーブの枝を剪定しているのは、ヘッド・ガーデナーのマーク・ポスウィロー。

左上：園を案内してくれたマークは、ニュージーランド出身。キュー・ガーデンでトレーニングを積んだ。**左中**：スウェーデン出身の植物学者、カール・フォン・リンネが、1736年に園を訪ねたというサイン。**右上**：プラント・ハンターとして有名なロバート・フォーチュンが150年前に作った「タンク・ポンド」。**左下&右下**：カール・フォン・リンネの人生と仕事について展示したカート。

上：ロンドンの中心部とは思えないような自然に囲まれる、芝生の広場では、子どもたちが楽しそうに追いかけっこ。左下：クレタ島で集められた、めずらしい植物が並ぶ温室のコーナー。右中：園内で見つけた表示。右下：涼しい場所で育てられる植物の芽たち。植物の種を守るため、こうして環境の変化に耐えられるようにしながら、世界中の植物園と種子の交換をする。

toute l'équipe du livre

édition PAUMES

Photographe : Hisashi Tokuyoshi

Design : Kei Yamazaki, Megumi Mori

Textes : Coco Tashima

Coordination : Helena Amourdedieu, Fumie Shimoji

Conseil aux textes français et Anglais : Emi Oohara, Takako Motoyama Peedle

Éditeur : Coco Tashima

Art direction : Hisashi Tokuyoshi

Contact : info@paumes.com   www.paumes.com

Impression : Makoto Printing System

Distribution : Shufunotomosha

We would like to thank all the greenfingers that contributed to this book.

édition PAUMES ジュウ・ドゥ・ポゥム

ジュウ・ドゥ・ポゥムは、フランスをはじめ海外のアーティストたちの日本での活動をプロデュースするエージェントとしてスタートしました。
魅力的なアーティストたちのことを、より広く知ってもらいたいという思いから、クリエーションシリーズ、ガイドシリーズといった数多くの書籍を手がけています。近著には「北欧コペンハーゲンの子ども部屋」や「パリのママンのおうちレシピ」などがあります。ジュウ・ドゥ・ポゥムの詳しい情報は、www.paumes.comをご覧ください。

また、アーティストの作品に直接触れてもらうスペースとして生まれた「ギャラリー・ドゥー・ディマンシュ」は、インテリア雑貨や絵本、アクセサリーなど、アーティストの作品をセレクトしたギャラリーショップ。ギャラリースペースで行われる展示会も、さまざまなアーティストとの出会いの場として好評です。ショップの情報は、www.2dimanche.comをご覧ください。